초판 8쇄 발행 | 2026년 1월 2일

글 | 드림나무
그림 | 조윤혜, 심차섭

펴낸이 | 도승철
펴낸곳 | 밝은미래
등록 | 2005년 5월 2일 (제105-14-87935호)
주소 | 경기도 파주시 회동길 349 3층
전화 | 031-955-9550
팩스 | 031-955-9555
홈페이지 | http://www.bmirae.com

편집 | 송재우 박수현
디자인 | 강서림
마케팅 | 정원식
경영지원 | 강정희

ISBN 978-89-6546-382-5 74700
ISBN 978-89-6546-381-8 74700 (세트)

ⓒ 2020 드림나무, LEE21

※ 책값은 뒤표지에 있습니다.
※ 이 책 내용의 일부 또는 전부를 재사용하려면 반드시 저작권자와 출판사 양측의 동의를 얻어야 합니다.
  책에 대한 단순 서평 수준을 넘어서는 내용을 SNS나 사진, 영상 등으로 출판사의 동의 없이 배포하는 것은 저작권법에 저촉될 수 있습니다.

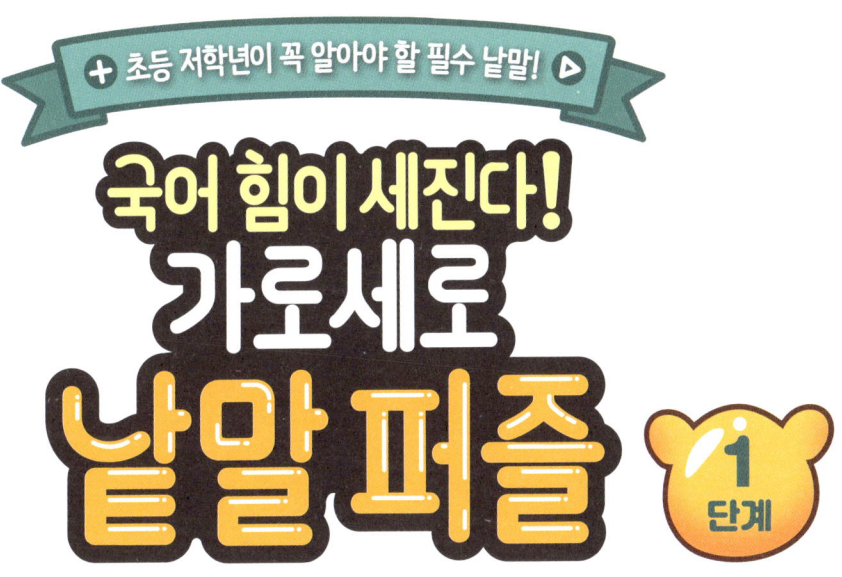

드림나무 글 | 조윤혜·심차섭 그림

밝은미래

이 책의 특징

게임하듯이 재미있게 레벨 1부터 레벨 7까지 총 48개의 낱말 퍼즐을 풀어 볼 수 있어요.

문제의 이해를 돕기 위해 예를 들어 설명했어요.

낱말 퍼즐을 풀면서 꼭 알아야 할 낱말 351가지를 익히면 어휘력과 독해력 등 국어 힘이 쑥쑥 자라요.

낱말 퍼즐을 하나씩 풀 때마다 성취감이 쌓여요.

지루할 틈 없이
레벨 사이사이에
'학습 재미 더하기'가
총 7가지 있어요.

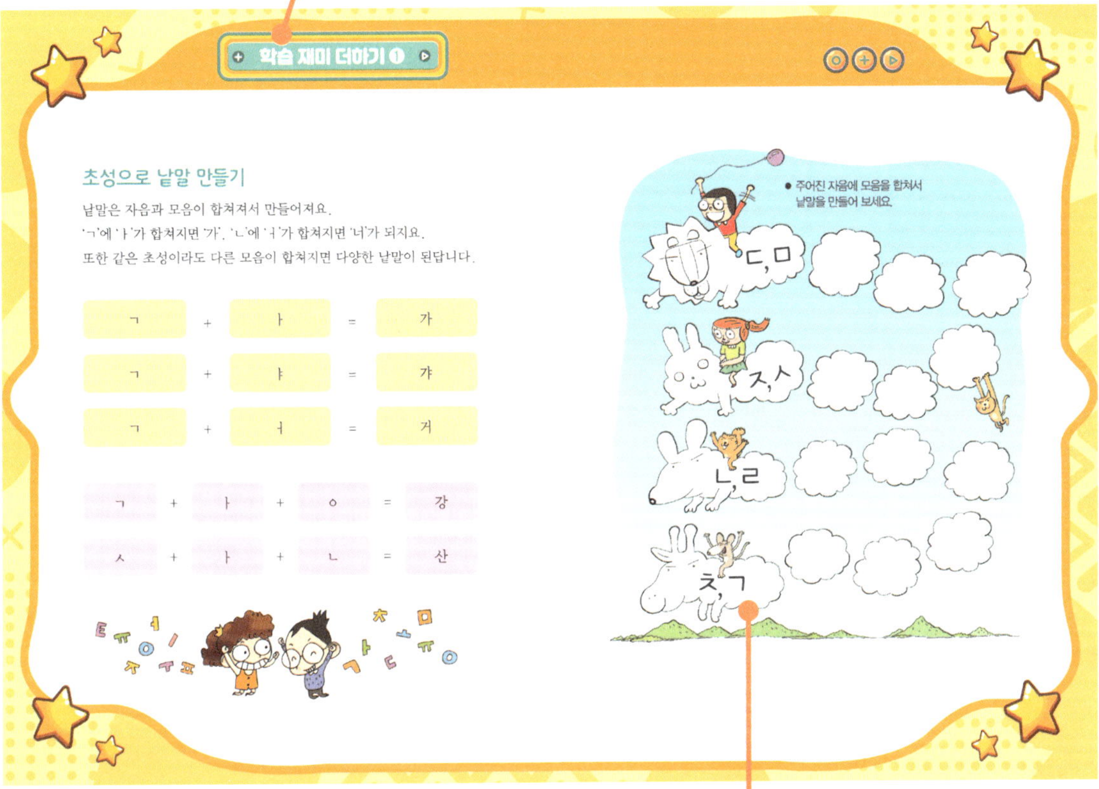

학습 재미 더하기 ❶

초성으로 낱말 만들기

낱말은 자음과 모음이 합쳐져서 만들어져요.
'ㄱ'에 'ㅏ'가 합쳐지면 '가', 'ㄴ'에 'ㅓ'가 합쳐지면 '너'가 되지요.
또한 같은 초성이라도 다른 모음이 합쳐지면 다양한 낱말이 된답니다.

ㄱ	+	ㅏ			=	가
ㄱ	+	ㅑ			=	갸
ㄱ	+	ㅓ			=	거

| ㄱ | + | ㅏ | + | ㅇ | = | 강 |
| ㅅ | + | ㅏ | + | ㄴ | = | 산 |

● 주어진 자음에 모음을 합쳐서
낱말을 만들어 보세요.

재미있는
일러스트를
곁들였어요.

재밌는 낱말 퍼즐을 풀면
국어 실력이 쑥쑥 자란다!

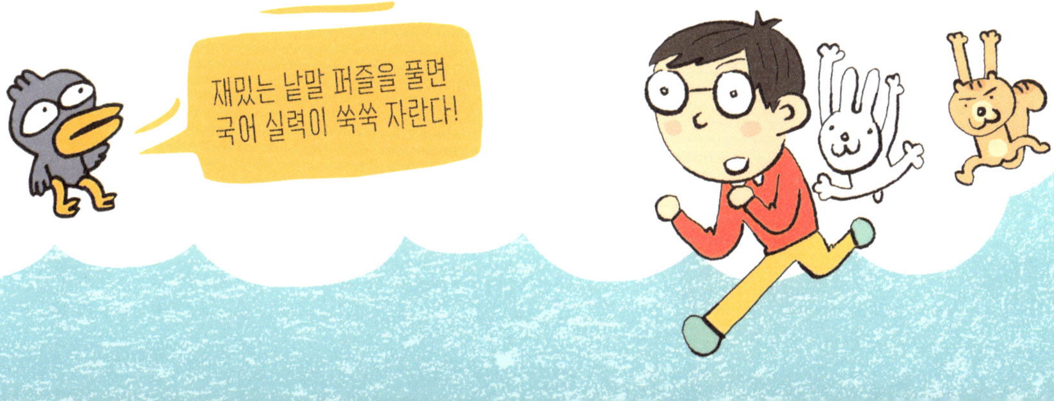

차례

LEVEL 1
1 의심이나 의문을 나타낼 때 쓰는 문장 부호는 무엇일까요? 10
2 가을에 주황색 열매를 맺는 나무는 무엇일까요? 12
3 땅속에 굴을 파고 사는 동물은 무엇일까요? 14
4 집을 떠나 가까운 곳에 다녀오는 일을 뭐라고 할까요? 16
5 노래하는 것이 직업인 사람은 누구일까요? 18
6 입안에 도는 침을 무엇이라고 할까요? 20
7 재주가 많은 사람을 뭐라고 부를까요? 22

* 학습 재미 더하기 ① 초성으로 낱말 만들기 24

LEVEL 2
8 인사를 나누고 헤어지는 것을 뭐라고 할까요? 26
9 콧물을 흘리는 아이를 뭐라고 놀릴까요? 28
10 소리 없이 웃는 걸 뭐라고 할까요? 30
11 이른 봄에 잎보다 먼저 노란색 꽃이 피는 식물은 무엇일까요? 32
12 목과 다리가 긴 동물은 무엇일까요? 34
13 아직 다 자라지 않은 어린 닭을 뭐라고 할까요? 36
14 아주 높은 사다리를 뭐라고 할까요? 38

* 학습 재미 더하기 ② 재미난 모양 흉내말 40

LEVEL 3
15 올챙이가 자라면 무엇이 될까요? 42
16 팽이를 채로 쳐서 돌리는 놀이는 무엇일까요? 44
17 한 곳에서 다른 곳까지의 거리를 무엇이라고 할까요? 46
18 개울에 드문드문 놓은 다리는 무엇일까요? 48
19 소의 젖을 무엇이라고 할까요? 50
20 여러 가지 색깔로 물들인 종이는 무엇일까요? 52
21 여름에 해충을 잡아먹는 텃새는 무엇일까요? 54

* 학습 재미 더하기 ③ 재미난 소리 흉내말 56

LEVEL 4
22 간단한 내용을 적는 작은 공책을 무엇이라고 할까요? 58
23 공연하는 장소를 무엇이라고 할까요? 60
24 날개의 빛깔이 아름다운 곤충은 무엇일까요? 62
25 숟가락과 젓가락을 아울러 뭐라고 할까요? 64
26 학습에 필요한 물품을 통틀어 뭐라고 할까요? 66
27 밥에 곁들여 먹는 음식을 통틀어 뭐라고 할까요? 68
28 생일을 높여 이르는 말은 무엇일까요? 70

* 학습 재미 더하기 ④ 다른 그림 찾기 72

LEVEL 5

29 연극이나 영화에 나오는 인물을 뭐라고 할까요? 74
30 외출할 때 입는 옷을 뭐라고 할까요? 76
31 기술이나 재주를 겨루는 큰 모임을 뭐라고 할까요? 78
32 옷을 넣어 두는 장롱을 뭐라고 할까요? 80
33 운동 경기나 놀이를 할 수 있는 넓은 마당을 뭐라고 할까요? 82
34 상수도에서 나오는 물을 뭐라고 할까요? 84
35 머리를 감으며 온몸을 씻는 일을 뭐라고 할까요? 86

* 학습 재미 더하기 ⑤ 숨은그림찾기 88

LEVEL 6

36 층계의 가장자리를 막아 세운 구조물을 뭐라고 할까요? 90
37 풀잎으로 부는 피리를 무엇이라고 할까요? 92
38 하나로 합친 마음을 무엇이라고 할까요? 94
39 꽃을 심어 가꾼 밭을 무엇이라고 할까요? 96
40 물감을 짜서 쓰는 판은 무엇일까요? 98
41 음료를 마실 때 쓰는 종이로 만든 일회용 컵은 무엇일까요? 100
42 숨은 아이들을 찾아다니는 아이는 누구일까요? 102

* 학습 재미 더하기 ⑥ 바른 생활을 도와주는 속담 104

LEVEL 7

43 색깔이 있는 안경을 무엇이라고 할까요? 106
44 물기가 있는 휴지를 무엇이라고 할까요? 108
45 물가에서 하는 놀이는 무엇일까요? 110
46 색깔이 나게 칠을 하는 것을 무엇이라고 할까요? 112
47 고물을 사고파는 가게는 무엇일까요? 114
48 게나 거북의 등껍질을 무엇이라고 할까요? 116

* 학습 재미 더하기 ⑦ 상상력을 키우는 수수께끼 118

정 답 120

LEVEL 1

가로 퍼즐 ▶▶▶

① 그림, 무늬 따위를 놓는 물체의 바닥.
   예) 컴퓨터 ○○ 화면.

② 의심이나 의문을 나타낼 때 쓰는 문장 부호.

③ 집에서 바닥과 사이를 띄우고 널빤지를 깔아 앉을 수 있게 만든 곳.
   예) 마○.

④ 윗옷에서 두 팔을 끼우는 부분.
   예) 옷○○.

세로 퍼즐 ▼▼

① 코로 내보내는 바람. 또는 그 소리.

② 송아지의 잇따라 우는 소리.

 # 의심이나 의문을 나타낼 때 쓰는 문장 부호는 무엇일까요?

LEVEL 1

가로 퍼즐 ▶▶▶

① 앞으로 해야 할 일이나 겪을 일에 대한 마음의 준비.
예) 민호는 달리기 시합에서 이길 ○○로 달렸다.

② 그림을 그릴 때 물과 섞어 색을 내는 것.

③ 죽은 사람이나 유골을 땅에 묻어 놓은 곳.

④ 엄지손가락과 가운뎃손가락의 사이에 있는 둘째 손가락.

세로 퍼즐 ▼▼

① 혈액 속의 노폐물과 수분이 방광에 모였다가 몸 밖으로 배출되는 액체.

② 가을에 주황색 열매를 맺는 나무. 열매는 그냥 먹거나 곶감을 만듦.

③ 조그만 흠을 들추어내어 불평을 하거나 말썽을 부림.
예) 현아는 동생이 얄미워서 괜히 ○○을 잡았다.

가을에 주황색 열매를 맺는 나무는 무엇일까요?

  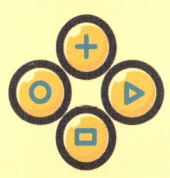

LEVEL 1

가로 퍼즐 >>>

① 기쁜 일이 있을 때 음식을 차려 놓고 여러 사람이 모여 즐기는 일.

② 사람이 다니는 길과 구분하여 자동차만 다니게 한 길.

③ 떡과 채소를 넣고 고추장이나 간장으로 양념을 하여 볶은 음식.

④ 땅속에 굴을 파고 살면서 지렁이나 애벌레를 잡아먹는 동물.
예) ○더○.

세로 퍼즐 ⌄⌄

① 이가 아플 때 가는 병원.

② 차를 타는 데 드는 비용.

③ 주로 설날 아침에 먹는 떡을 넣고 끓인 국.

④ 땅속의 흙이나 돌 틈을 채우고 있는 물.

땅속에 굴을 파고 사는 동물은 무엇일까요?

LEVEL 1

가로 퍼즐 »

① 우주 공간을 비행하기 위한 비행 물체.

② 남의 말에 덩달아 호응하거나 동의하는 일.
   예) 승희의 말에 지아도 맞다고 ○○○를 쳤다.

③ 한 개의 통나무로 놓은 다리.

세로 퍼즐 »

① 우편 요금을 낸 표시로 편지 봉투에 붙이는 것.

② 성질이나 종류에 따라 갈라놓음.
   예) 내 것과 네 것을 ○○하다.

③ 집을 떠나 가까운 곳에 잠시 다녀오는 일.

④ 뜨겁게 달구어 옷의 주름이나 구김을 펴는 데 쓰는 도구.

집을 떠나 가까운 곳에 다녀오는 일을 뭐라고 할까요?

LEVEL 1

가로 퍼즐 ▶▶▶

① 졸리거나 고단하거나 배부를 때 저절로 입이 벌어지는 것.

② 여러 형제, 자매 중에서 맨 나중에 난 사람.

③ 밀가루나 메밀가루 등을 반죽하여 가늘게 뽑은 면을 넣은 음식.

④ 조의를 표하기 위하여 깃봉에서 기의 한 폭만큼 내려서 다는 국기.

세로 퍼즐 ▼▼

① 강이나 호수에 사는 동물로, 덩치가 크고 아래 송곳니가 긴 동물.

② 물건이나 돈을 걸고 승부를 다투는 것.

③ 노래 부르는 것이 직업인 사람.

④ 건강의 증진을 위하여 일정한 형식으로 몸을 움직이는 운동.

노래하는 것이 직업인 사람은 누구일까요?

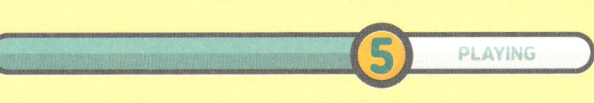

LEVEL 1

가로 퍼즐 ≫

① 어떠한 일을 하는 데 적절한 시기나 경우.
　예) 절호의 ○○.

② 공연히 입안에 도는 침.

③ 어린아이를 재우기 위해 부르는 노래.

세로 퍼즐 ⇟

① 흐뭇하고 즐거운 마음이나 느낌.

② 행동이 들뜨지 아니하고 차분함.

③ 왼쪽 가슴에 있는 신체 기관으로, 혈액을 몸 전체로 보내는 일을 함.

④ 고기와 채소를 볶은 후 중국 된장에 국수를 비벼 먹는 음식.

⑤ 어떤 공간에서 치우치지 않는 중앙 부분.

입안에 도는 침을 무엇이라고 할까요?

LEVEL 1

가로 퍼즐 ▶

❶ 사냥을 하는 사람.

❷ 헤엄칠 때 발등으로 물 위를 잇따라 치는 일.

❸ 손가락 가운데에서 가장 짧고 굵은 첫째 손가락.

세로 퍼즐 ▼

❶ 재주가 많거나 뛰어난 사람.

❷ 콩의 싹을 키운 것으로 데친 후 무쳐 먹거나 국을 끓여 먹음.

❸ 말이나 행동이 겸손하고 예의 바르다는 뜻의 '○○하다'의 어근.

❹ 시간이 오래 걸려서 따분하고 싫증이 난다는 뜻의 '○○하다'의 어근.

❺ 살림살이가 넉넉하지 못함.

재주가 많은 사람을 뭐라고 부를까요?

초성으로 낱말 만들기

낱말은 자음과 모음이 합쳐져서 만들어져요.
'ㄱ'에 'ㅏ'가 합쳐지면 '가', 'ㄴ'에 'ㅓ'가 합쳐지면 '너'가 되지요.
또한 같은 초성이라도 다른 모음이 합쳐지면 다양한 낱말이 된답니다.

ㄱ	+	ㅏ	=	가
ㄱ	+	ㅑ	=	갸
ㄱ	+	ㅓ	=	거

| ㄱ | + | ㅏ | + | ㅇ | = | 강 |
| ㅅ | + | ㅏ | + | ㄴ | = | 산 |

● 주어진 자음에 모음을 합쳐서 낱말을 만들어 보세요.

ㄷ, ㅁ

ㅈ, ㅅ

ㄴ, ㄹ

ㅊ, ㄱ

LEVEL 2

가로 퍼즐 ▶▶

① 인사를 나누고 헤어짐. 또는 그 인사.

② 신선이 사는 곳에 사는 여자.
예) ○○와 나무꾼.

③ 문장의 뜻을 돕거나 이해하기 쉽도록 쓰는 여러 가지 부호.

④ 주로 비가 올 때 많이 신으며, 목이 길게 올라오는 신발.

세로 퍼즐 ▼▼

① 사람의 외모나 성격을 바탕으로 남이 지어 부르는 이름.

② 대부분 가시가 있고 잎은 없으며 사막에서도 살아남는 식물.

③ 키가 작은 사람이나 짐승이 이리저리 찬찬히 걷는 모양.

④ 몸은 붉은 갈색이며 발은 여덟 개이고 빨판이 많이 붙어 있음.

⑤ 땅이 우묵하게 들어가 물이 깊고 넓게 괴어 있는 곳.

인사를 나누고 헤어지는 것을 뭐라고 할까요?

LEVEL 2

🟫 가로 퍼즐 ▶▶▶

❶ 말을 하는 상대가 없이 혼자서 하는 말.

❷ 하던 일을 되풀이해서 함.
예) 답이 틀려서 문제를 ○○ 풀다.

❸ 하나도 빠짐없이 모두.
예) 음식이 ○○○ 상해 버렸다.

❹ 개구리가 잇따라 우는 소리.

🟫 세로 퍼즐 ▼▼

❶ 말로 옳고 그름을 가리는 다툼.

❷ 늘 콧물을 흘리는 아이를 놀림조로 이르는 말.

❸ 몸치장을 위해 여자들이 한복에 다는 물건. 주로 보석에 명주실을 늘어뜨림.

❹ 새나 곤충의 몸 양쪽에 붙어서 날아다니는 데 쓰는 기관.

콧물을 흘리는 아이를 뭐라고 놀릴까요?

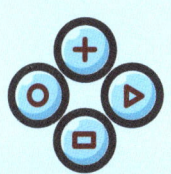

LEVEL 2

가로 퍼즐 ▶▶▶

① 소리 없이 빙긋이 웃음.
　예) 엄마가 아기에게 살짝 ○○를 짓는다.

② 음식의 간을 맞추는 데 쓰는 짠맛이 나는 흑갈색 액체.

③ 땅에서 나는 콩으로 고소한 맛이 나서 주로 볶아서 먹음.

④ 건물에서 밑에서 위를 받치는 뼈대.
　예) 그리스 신전은 거대한 ○○으로 이루어졌다.

세로 퍼즐 ▼▼

① 짠맛이 나는 하얀색의 결정체.

② 영화, 연극, 문학 작품 등에서 인물이 한 공간에서 벌이는 사건의 형편이나 모양.

③ '남김 없이 모조리'를 뜻하는 말.

④ 생물이 살아 움직이는 힘.
　예) 영훈이는 ○○이 펄펄 나 뛰어다녔다.

소리 없이 웃는 걸 뭐라고 할까요?

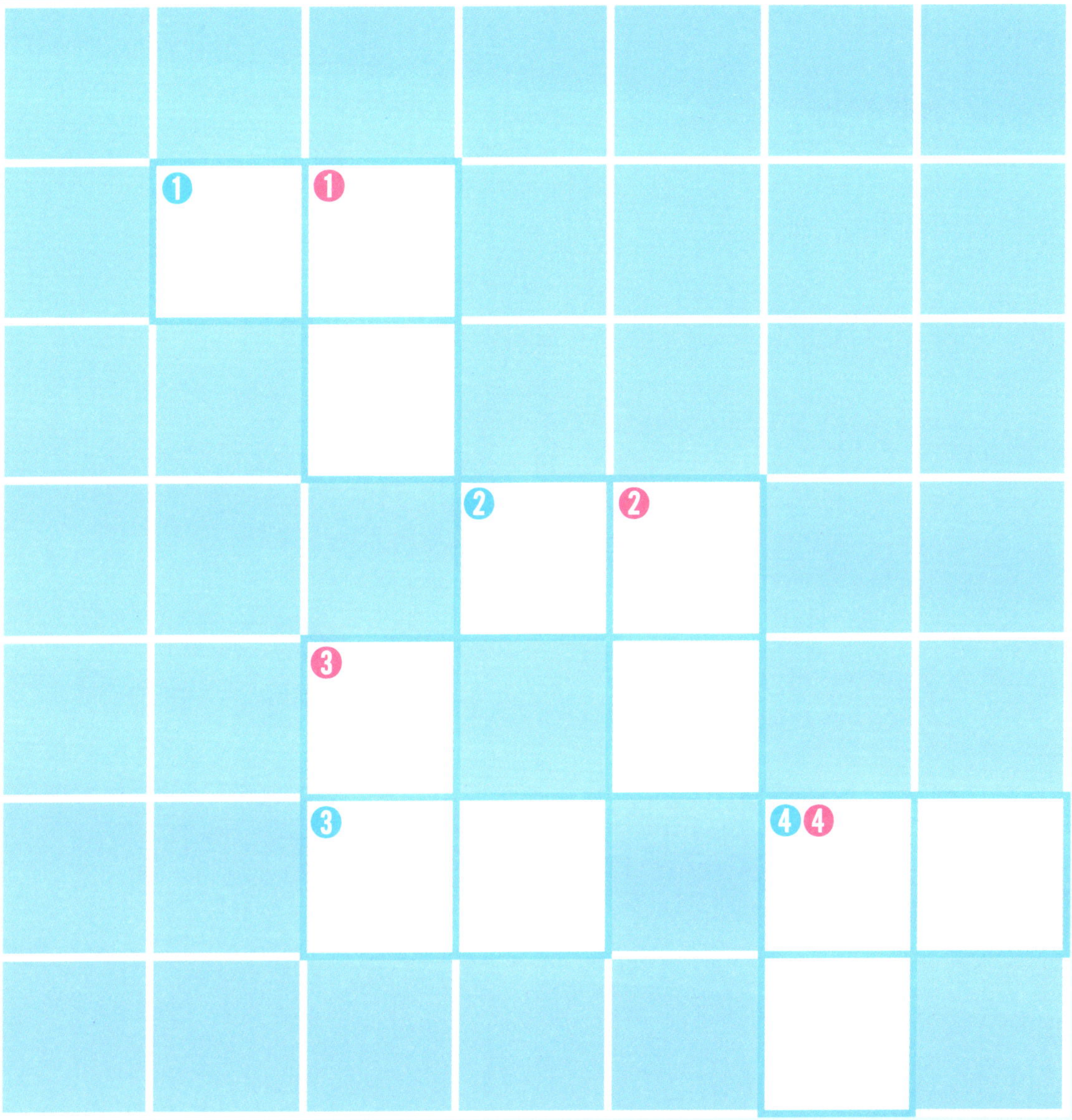

LEVEL 2

가로 퍼즐 >>>

① 꾸리어 싼 물건.
  예) 선물 ○○○.

② 말하거나 웃을 때 두 볼에 움푹 들어가는 자국.

③ 이른 봄에 잎보다 먼저 노란색 꽃이 피는 식물.

④ 걸을 때 도움을 얻기 위하여 짚는 막대기.

세로 퍼즐 ∨

① 공간이나 시각의 미를 표현하는 예술.

② 어떤 사실을 설명하거나 증명하기 위해 내세워 보이는 예.
  예) 알맞은 말을 ○○에서 골라 보세요.

③ 뚝배기나 냄비에 국물과 갖은 건더기를 넣고 양념을 하여 끓인 반찬.

④ 사람이나 동식물이 세상에 나서 살아온 햇수.

 **이른 봄에 잎보다 먼저 노란색 꽃이 피는 식물은 무엇일까요?**

가로 퍼즐

① 친구 사이의 정.

② 중앙에 네트를 두고 한 팀에 6명씩 팀을 나누어 공을 떨어뜨리지 않도록 서로 주고받으며 하는 경기.

③ 마음에 꼭 맞지 아니하여 발칵 역정을 내는 짓.
예) 현호는 게임에서 져서 ○○이 났다.

④ 뿌리를 단위로 한 초목의 낱개를 세는 단위.
예) 배추 열 ○○로 김치를 만들었다.

세로 퍼즐

① 참되고 성실한 마음.
예) 민서는 친구의 생일을 축하하려고 ○○ 어린 선물을 준비했다.

② 탯줄이 떨어지면서 배의 한가운데에 생긴 자리.

③ 부분이나 요소들을 모아서 일정한 전체를 짜 이룸.
예) 이 목도리는 실의 ○○이 촘촘해서 매우 따뜻하다.

④ 목과 다리가 길고 이마 양쪽에 짧은 뿔이 있는 동물.

목과 다리가 긴 동물은 무엇일까요?

LEVEL 2

가로 퍼즐 ›››

① 덩굴을 이룬 줄기에 흰색, 자주색 꽃이 피며 밥에 넣어 먹는 콩의 한 종류.

② 키가 작은 사람을 낮잡아 이르는 말.

③ 아직 다 자라지 아니한 어린 닭. 닭의 새끼.

세로 퍼즐 ⬇⬇

① 개의 새끼.

② 주로 남자의 머리털을 깎는 곳.
예) ○○소.

③ 껍질에 고운 솜털이 있고, 시고 단맛이 나며 엷은 붉은색으로 익는 과일.
예) 천도○○○.

아직 다 자라지 않은 어린 닭을 뭐라고 할까요?

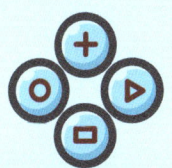

가로 퍼즐

1. 해가 막 넘어가는 때. 또는 그 현상.
2. 학용품과 사무용품 등을 파는 곳.
3. 아주 높은 사다리.
   예) ○름○○○.

세로 퍼즐

1. 사람의 성 뒤에 붙여 다른 사람과 구별하여 부르는 말.
2. 해답을 요구하는 물음.
   예) 설아는 수학 ○○가 어려워서 쩔쩔맸다.
3. 동물이나 가축의 질병을 진찰하는 의사.

아주 높은 사다리를 뭐라고 할까요?

학습 재미 더하기 ❷

재미난 모양 흉내말

흉내 내는 말에는 '모양을 흉내 내는 말'과 '소리를 흉내 내는 말'이 있습니다. 이런 말들은 대화를 하거나 글을 읽을 때 좀 더 재미있고 실감 나게 해 준답니다.

우리 주변에도 흉내 내는 말이 많이 있습니다. 말풍선 안에 알맞은 흉내말을 넣어 보세요.

보기

깡충깡충, 뭉게뭉게, 뒤뚱뒤뚱, 활짝, 폴짝폴짝, 꿈틀꿈틀, 퍼드덕퍼드덕, 흔들흔들, 나풀나풀

LEVEL 3

가로 퍼즐 ▶▶▶

① 덧셈을 함.
  예) ○○기.

② 몸은 녹색을 띤 갈색이며 올챙이가 자라서 됨.

③ 접착성이 있는 띠 모양의 물건으로 뭔가를 붙이는 데 쓰는 것.
  예) ○○프.

세로 퍼즐 ▼▼

① 물에서 헤엄쳐 다니며 아가미와 지느러미가 있는 생물.

② 글씨나 그림 따위를 지우는 물건.

③ 같은 말이나 일을 자꾸 반복함.
  예) 엄마는 어제 한 잔소리를 ○○○했다.

올챙이가 자라면 무엇이 될까요?

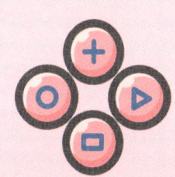

LEVEL 3

가로 퍼즐 ▶▶▶

① 고마움이나 축하의 의미로 남에게 물건 등을 선사함.

② 다양한 놀이 기구를 설치하여 놀 수 있게 만든 공원.

③ 몸은 대개 흰색이며, 앞다리가 짧고 귀가 쫑긋 선 동물.

④ 어린 젖먹이 아이.

세로 퍼즐 ▼▼

① 경주할 때 출발점으로 그어 놓은 선.

② 팽이를 채로 쳐서 돌리는 놀이.

③ 여름에 노란 꽃이 피고 열매는 겉과 속이 모두 빨갛고 그냥 먹거나 각종 요리에 넣어 먹는 채소.

팽이를 채로 쳐서 돌리는 놀이는 무엇일까요?

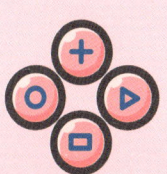

LEVEL 3

가로 퍼즐 ▶▶▶

① 열의 네 배가 되는 수.

② 시간상이나 순서상의 맨 끝.
예) 참는 건 이번이 ○○○이야.

③ 놀이판을 그린 다음 돌을 던져 끝까지 갔다가 돌아오는 어린이 놀이로 '땅따먹기'라는 명칭으로도 많이 알려짐.

세로 퍼즐 ▼▼

① 짐승이나 물고기, 벌레 따위를 세는 단위.

② 집의 앞이나 뒤에 평평하게 닦아 놓은 땅.

③ 작은 비석 돌을 세워 놓고 얼마쯤 떨어진 곳에서 돌을 던져 맞히거나 발로 돌을 차서 맞혀 넘어뜨리는 어린이 놀이.

④ 한 곳에서 다른 곳까지의 거리나 공간.
예) 책상과 책상 ○○를 넓히다.

 # 한 곳에서 다른 곳까지의 거리를 무엇이라고 할까요?

LEVEL 3

가로 퍼즐 ≫

① 여행을 하는 길.

② 제기된 문제를 해명하거나 얽힌 일을 잘 처리함.
예) 준영이는 문제를 잘 ○○하고 환하게 웃었다.

③ 개울이나 물이 괸 곳에 돌을 드문드문 놓은 다리.

세로 퍼즐 ⇊

① 한끝에서 다른 한끝까지의 거리.
예) 이 치마는 ○○가 매우 길다.

② 수량을 나타내는 말 뒤에 쓰이는 말로 '주먹'의 준말.
예) 흙을 한 ○ 손에 쥐어 보았다.

③ 무엇에 관계되는 바로 그것.
예) 선생님은 ○○ 분야는 잘 모르겠다고 하셨다.

④ 풀이나 나무 등을 얽거나 엮어서 담 대신에 경계를 지어 막는 물건.

 ## 개울에 드문드문 놓은 다리는 무엇일까요?

  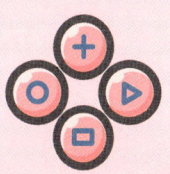

LEVEL 3

가로 퍼즐 ▶▶▶

① 줄기는 땅 위로 뻗으며 붉은 열매는 날로 먹거나 잼을 만들어 먹음.

② 얼굴의 눈썹 위로부터 머리털이 난 아래까지의 부분.

③ 놓여 있는 조건이나 놓이게 된 형편이나 사정.
   예) 비가 올 ○○에는 소풍이 취소될 것이다.

④ 사람이 걸터앉는 데 쓰는 기구.

세로 퍼즐 ▼▼

① 우리나라의 태극기, 미국의 성조기, 일본의 일장기 등 한 나라를 대표하는 기.

② '그만큼 담을 수 있는 용량'의 뜻을 더하는 접미사.
   예) 이 그릇은 1리터○○ 크기이다.

③ 소의 젖으로, 영양가가 높으며 아이스크림, 버터, 치즈 등의 원료.

④ 어떤 대상에 대하여 가지는 생각.
   예) 소영이와 나래는 서로 ○○이 달라서 싸웠다.

소의 젖을
무엇이라고 할까요?

LEVEL 3

가로 퍼즐 ≫

① 초여름 남쪽에서 날아오는 여름새로, '뻐꾹뻐꾹' 하고 욺.

② 책이나 학용품 등을 넣어서 들거나 메고 다니는 가방.

③ 여러 가지 색깔로 물들인 종이.

④ 바닷물과 땅이 서로 닿은 곳이나 그 근처.
예) 수연이는 수영을 하러 ○○○에 갔다.

세로 퍼즐 ⇊

① 사물의 넓이, 부피, 양 등의 큰 정도.
예) 인형의 ○○가 매우 크다.

② 앉아서 책을 읽거나 글을 쓸 때 앞에 놓고 쓰는 상.

③ 각각의 꼭지에 달린 꽃이나 열매 따위를 세는 단위.
예) 포도를 세 ○○ 샀다.

④ 평평하게 넓이를 이룬 부분. 물체의 밑부분을 가리킬 때도 쓰임.
예) 식당 ○○에 떨어진 포크를 주웠다.

여러 가지 색깔로 물들인 종이는 무엇일까요?

LEVEL 3

가로 퍼즐 ▶▶▶

① 다리와 꼬리가 짧고 몸이 뚱뚱하며 코가 들린 가축.

② 가을에는 농작물을 해치지만 여름에는 해충을 잡아먹는 다갈색의 텃새.

③ 왼쪽에서 오른쪽으로 나 있는 방향.
예) ○○와 세로의 길이가 같은 정사각형.

④ 물건의 무거운 정도.
예) 짐의 ○○가 무거워서 넘어졌다.

세로 퍼즐 ▼▼

① 사물이나 공간, 지위 따위를 자기 몫으로 가짐.
예) 형이 없으니까 컴퓨터는 내 ○○다.

② 모임이나 단체 또는 일에 관계하여 들어감.
예) 피아노 콩쿠르에 ○○해 우승했다.

③ 분량이나 수효 따위가 어떤 범위나 한도에 꽉 찬 모양.
예) 컵에 주스를 ○○ 따랐다.

④ 요금이 없음.

여름에 해충을 잡아먹는 텃새는 무엇일까요?

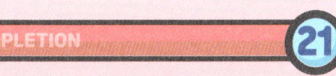
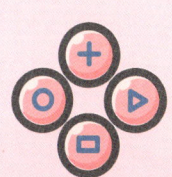

학습 재미 더하기 ❸

재미난 소리 흉내말

소리 나라에 침묵 나라가 쳐들어왔습니다. 소리 나라는 침묵 나라에게 소리를 빼앗겼습니다. 침묵 나라 감옥에 갇힌 소리를 구해 주세요. 소리를 찾았다면 그림에 맞게 소리 흉내말을 넣어 보세요.

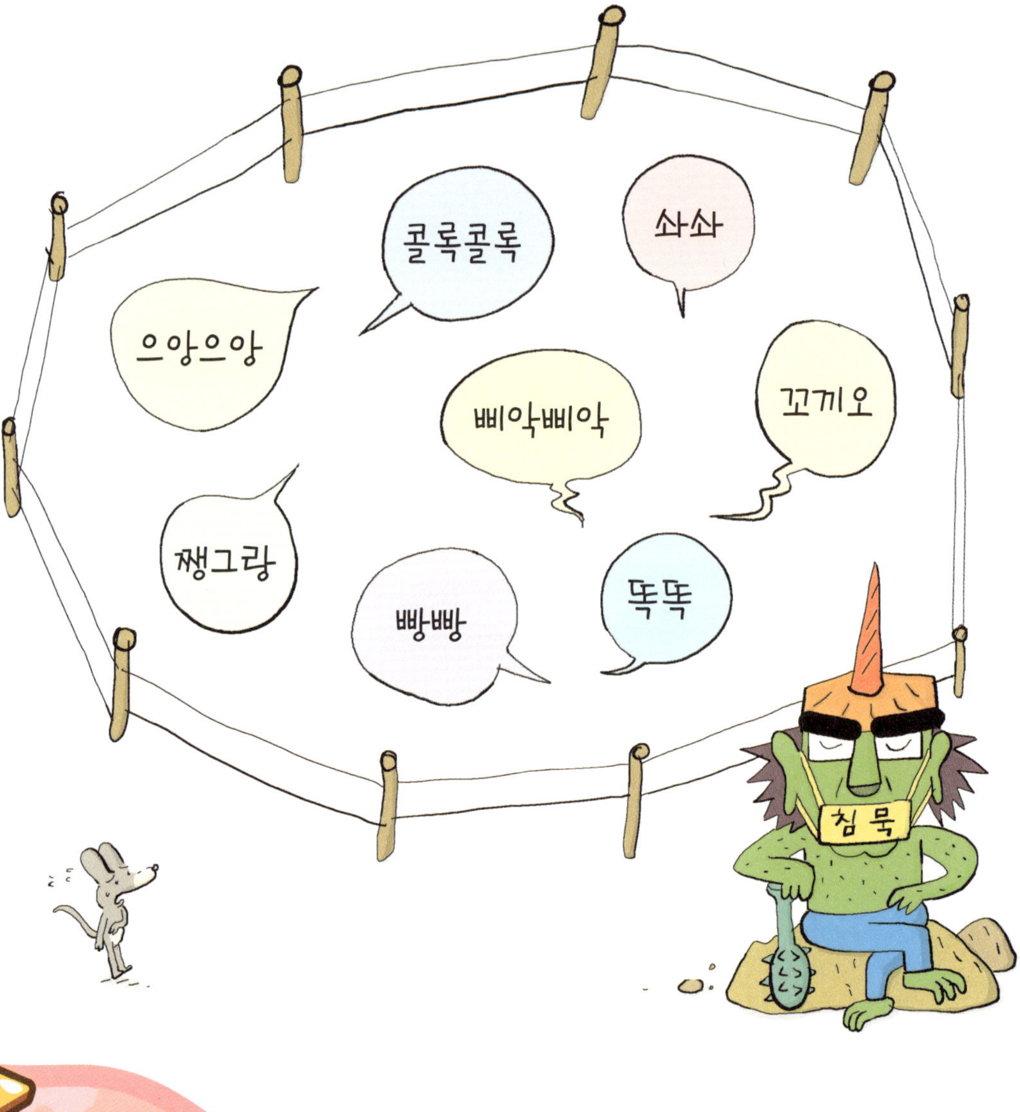

콜록콜록
솨솨
으앙으앙
삐악삐악
꼬끼오
쨍그랑
빵빵
똑똑

침묵

가로 퍼즐

1. 숫자에 관하여 배우는 학문.

2. 겉은 초록색과 검은색 줄무늬가 있고 열매의 속살은 붉고 단맛이 나며 크고 둥근 과일.

3. 일정한 평면에 걸쳐 있는 공간이나 범위의 크기.
   예) 그 방은 ○○가 넓었다.

4. 어떤 기준보다 낮은 위치.
   예) 지아는 나무 ○○에 앉아 있었다.

세로 퍼즐

1. 학교에 다니면서 공부하는 사람.

2. 몸에 지니고 다니며 간단한 기록을 하는 작은 공책.

3. 높은 정도.
   예) 한라산은 ○○가 매우 높다.

4. 여덟에 하나를 더한 수.

 간단한 내용을 적는 작은 공책을 무엇이라고 할까요?

LEVEL 4

가로 퍼즐 »

① 극장, 음악당 등 공연을 하는 장소.

② 깃발을 높이 걸기 위해 만들어 놓은 대.
예) 국기 ○○○.

③ 마술이나 여러 가지 곡예, 동물의 묘기를 보여 주는 구경거리.

④ 납작하고 네모난 조각을 연이어 세워 놓고 쓰러뜨리는 놀이.

세로 퍼즐 »

① 연을 매어서 날리는 데 쓰는 실.

② 한글에서 모음 글자 아래에 받쳐 적는 자음.
예) '밖'에서 'ㄲ'은 ○○이다.

③ 열의 두 배가 되는 수.

④ 짧고 작은 동강을 세는 단위.
예) 고양이가 생선 한 ○○을 먹었다.

공연하는 장소를 무엇이라고 할까요?

LEVEL 4 - 24

가로 퍼즐 ▶▶▶

① 자물쇠를 잠그거나 여는 데 사용하는 물건.

② 수효를 세는 맨 처음 수.

③ 남의 귀 가까이에 입을 대고 소곤거리는 말.

④ 생각을 하고 언어를 사용하며 사회를 이루어 사는 동물.
예) 호랑이는 죽어서 가죽을 남기고 ○○은 죽어서 이름을 남긴다.

⑤ 어떤 사실이나 결과, 작품 등을 세상에 널리 드러내어 알림.
예) 좋아하는 가수가 음반을 ○○했다.

세로 퍼즐 ▼▼

① 식물이 수정 후 씨방이 자라 생기는 것. 대개 이 속에 씨가 있음.

② 민간에 전하여 내려오는 놀이.

③ 몸은 가늘고 날개의 빛깔이 매우 아름다운 곤충.

④ 사물의 내용을 명확히 알기 위하여 자세히 찾아봄.
예) 경찰이 범인을 잡으려고 자세히 ○○하다.

⑤ 전체를 대표하는 사람.
예) 지은이는 학생들의 ○○로 행사에 참석했다.

날개의 빛깔이 아름다운 곤충은 무엇일까요?

LEVEL 4

가로 퍼즐 ≫

① 고기나 생선에 양념을 하여 구운 음식.
　예) 오늘 저녁 반찬으로 생선○○가 나왔다.

② 숟가락과 젓가락을 아울러 이르는 말.

③ 쇠고기 등을 양념하여 재었다가 불에 구운 음식.

세로 퍼즐 ⇟

① 수량이나 정도가 일정한 기준보다 많거나 나음.
　예) 건강을 위해서 주 3회 ○○ 운동을 권장한다.

② 수돗물을 받아 쓸 수 있게 만든 시설.

③ 두루두루 **빼놓지** 않는 것을 뜻하며, '고루고루'의 준말.
　예) 형식이는 편식하지 않고 ○○○ 먹는다.

숟가락과 젓가락을 아울러 뭐라고 할까요?

가로 퍼즐

1. 알려야 할 내용을 적은 글.
   예) 선생님 말씀을 ○○○에 적었다.

2. 밥이나 국물 따위를 떠먹는 기구.

3. 학습에 필요한 필기도구, 공책 등을 통틀어 이르는 말.

세로 퍼즐

1. 행동이 느리거나 게으른 사람을 낮잡아 이르는 말.
   예) 토끼는 거북이를 ○○○라고 놀렸다.

2. 손끝의 다섯 개로 갈라진 부분, 또는 그것 하나하나.

3. 일정한 목적이나 기능에 맞게 쓰는 법.
   예) 새로 산 핸드폰을 쓰려고 ○○○을 읽었다.

학습에 필요한 물품을 통틀어 뭐라고 할까요?

LEVEL 4

가로 퍼즐 >>>

① 밥에 곁들여 먹는 음식을 통틀어 이르는 말.

② 기름에 부쳐서 만드는 빈대떡, 전병 따위의 음식을 통틀어 이르는 말.
예) ○○개.

③ 책을 세워서 꽂아 두는 물건이나 장치.

세로 퍼즐 ⬇

① 좋은 점이나 착하고 훌륭한 일을 높이 평가함. 또는 그런 말.

② 콩으로 만든 식품으로 말랑말랑하고 네모나며 여러 가지 조리법으로 먹을 수 있는 것.

③ 꽃을 꽃병에 꽂아 꾸미는 일.

밥에 곁들여 먹는 음식을 통틀어 뭐라고 할까요?

 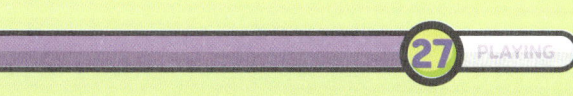 

LEVEL 4

가로 퍼즐 »

① 생선이나 고기, 야채 등을 밀가루에 묻혀서 기름에 튀긴 음식.

② 새롭고 기이하다는 뜻의 '○○하다'의 어근.
예) 수아는 여행지에서 만난 모든 것이 ○○했다.

③ 식사를 공급함. 또는 그 식사.
예) 율희는 밥을 먹는 ○○ 시간만 손꼽아 기다렸다.

④ 오늘의 바로 다음 날.

세로 퍼즐 »

① 소금에 절인 배추나 무를 고춧가루, 파, 마늘 따위의 양념에 버무려 발효시킨 음식.

② 생일을 높여 이르는 말.

③ 음식을 차려 놓고 둘러앉아 먹게 만든 탁자.

④ 방이나 건물 따위의 안.
예) 날씨가 추워서 ○○ 수영장에 갔다.

생일을 높여 이르는 말은 무엇일까요?

다른 그림 찾기

서로 다른 부분을 찾아 보세요. (7군데)

LEVEL 5

가로 퍼즐 ≫

① 메주로 간장을 담근 뒤에 장물을 떠내고 남은 건더기.
　예) 성희는 차돌박이 ○○찌개를 제일 좋아한다.

② 역사적 유물을 수집하고 보존하여 사람들에게 보여 주게 만든 시설.

③ 남이 알아차리지 못하게 슬며시.
　예) 도둑은 집에서 돈을 훔쳐 ○○○○ 달아났다.

④ 같은 자리.
　예) 추석이라 모처럼 가족이 ○○○에 모였다.

세로 퍼즐 ⇩

① 연극, 영화, 소설 등에 나오는 인물.

② 음식이나 물건 따위를 담는 기구를 이르는 말.
　예) 밥○○.

③ 사람이나 동물의 갈빗대 아래부터 엉덩이까지의 잘록한 부분.

연극이나 영화에 나오는 인물을 뭐라고 할까요?

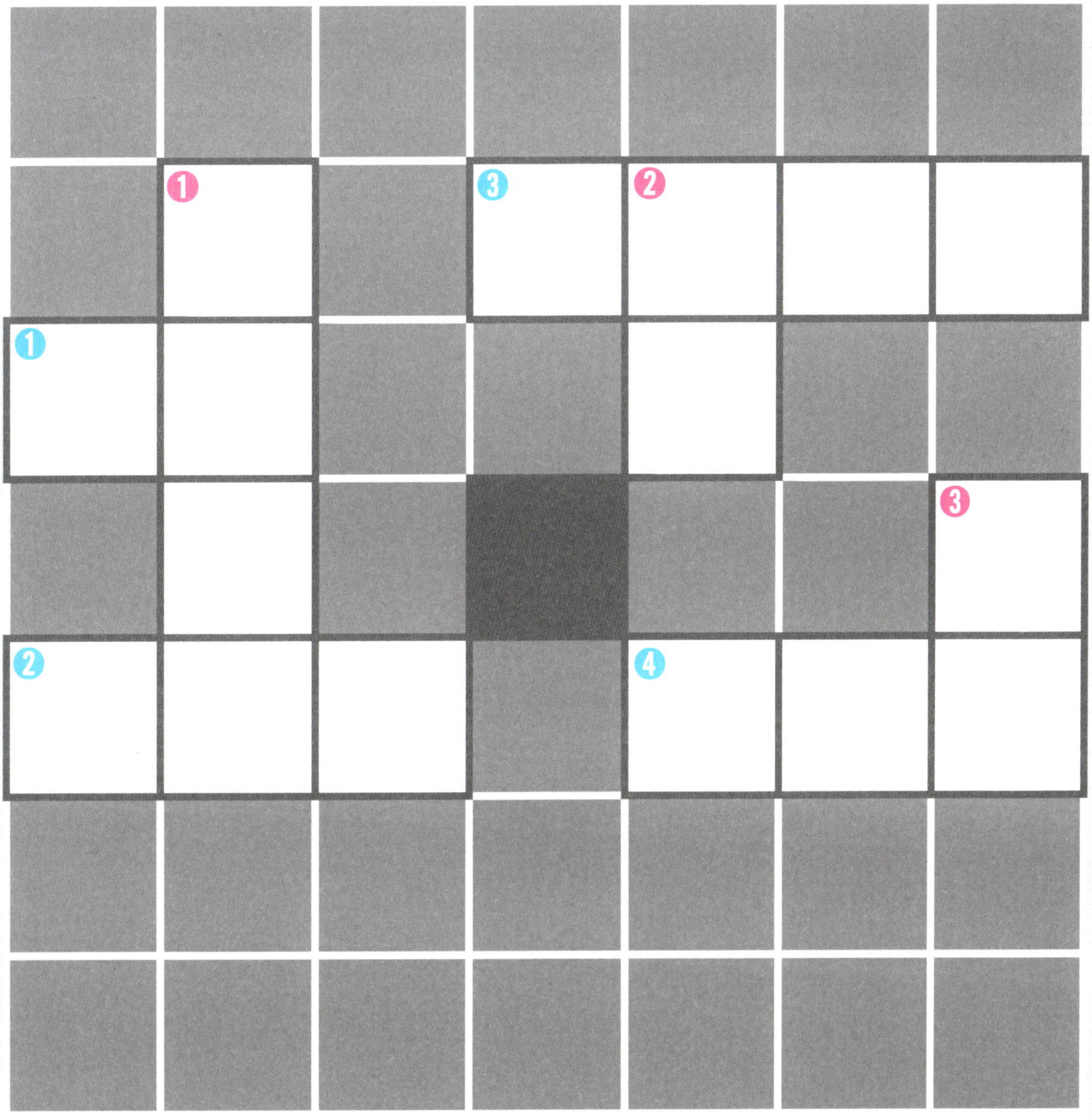

LEVEL 5

가로 퍼즐 ▶▶▶

1. 부모의 어머니를 이르는 말.
2. 지구를 본떠 만든 모형.
3. 외출할 때 입는 옷.
4. 조급한 마음으로 몹시 허둥거리는 모양.
   예) 형은 배가 고팠는지 밥을 ○○○○ 먹었다.

세로 퍼즐 ▼▼

1. 부모의 아버지를 이르는 말.
2. 집에서 직접 해 먹지 아니하고 밖에서 음식을 사 먹음.
3. 말의 새끼.

외출할 때 입는 옷을 뭐라고 할까요?

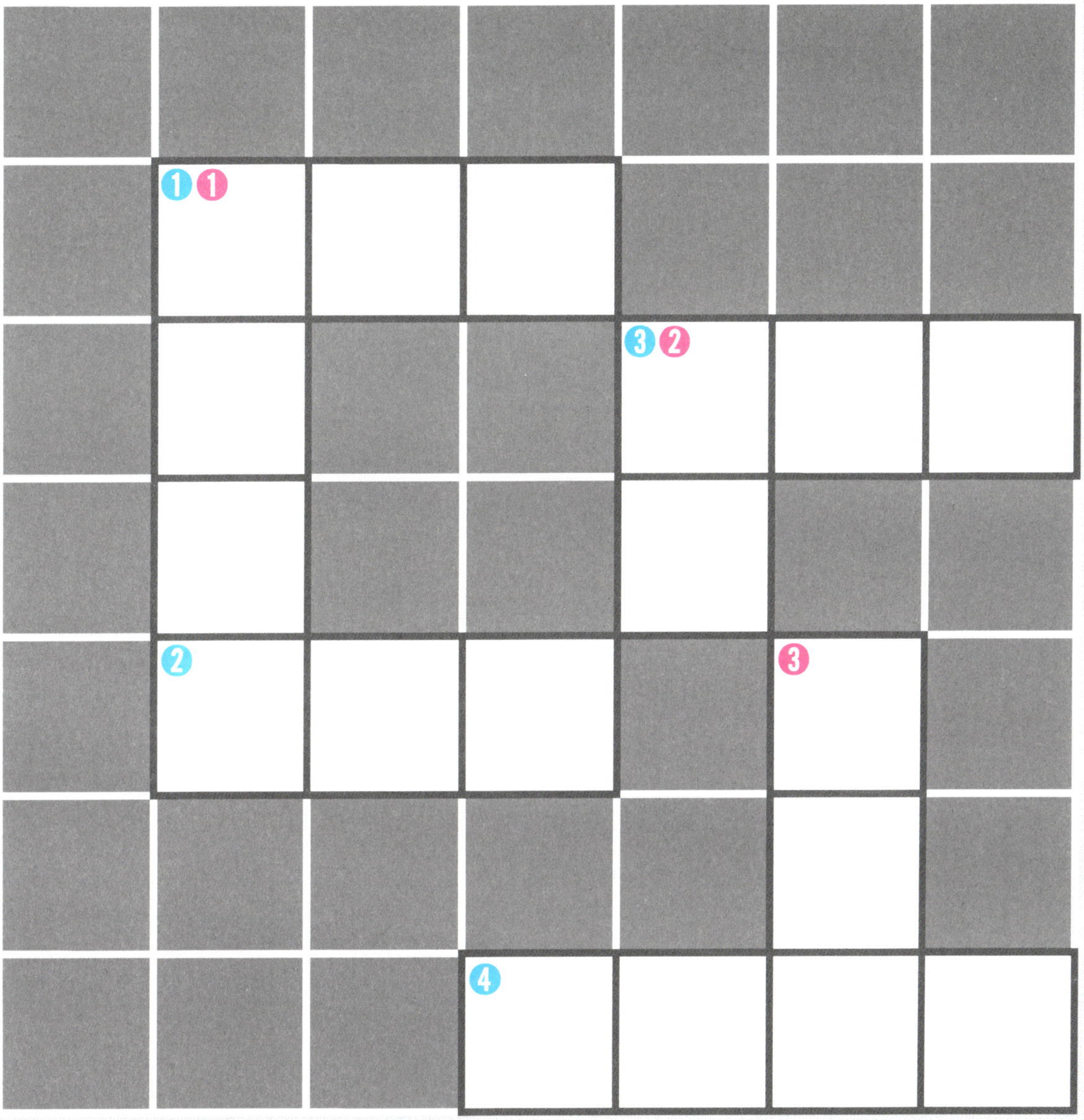

LEVEL 5

가로 퍼즐 »

① 세수나 양치질 등을 할 수 있도록 시설을 갖추어 놓은 대.

② 예의에 관한 모든 절차나 질서.
예) 송아는 늘 ○○이 바르다.

③ 남이 알아듣지 못하도록 작은 목소리로 가만가만 이야기하는 소리나 모양.

④ 얼마의 시간이 지난 뒤.
예) 대현아, 우리 ○○에 또 만나자.

세로 퍼즐 »

① 기술이나 재주를 겨루는 큰 모임.
예) 서아는 글짓기 ○○에서 상장을 받았다.

② 대하는 태도가 매우 정겹고 고분고분함.
예) 슈퍼마켓 아주머니는 손님들에게 항상 ○○하시다.

③ 매우 귀중하다는 뜻의 '○○하다'의 어근.
예) 가족은 무엇과도 비교할 수 없을 정도로 ○○하다.

기술이나 재주를 겨루는
큰 모임을 뭐라고 할까요?

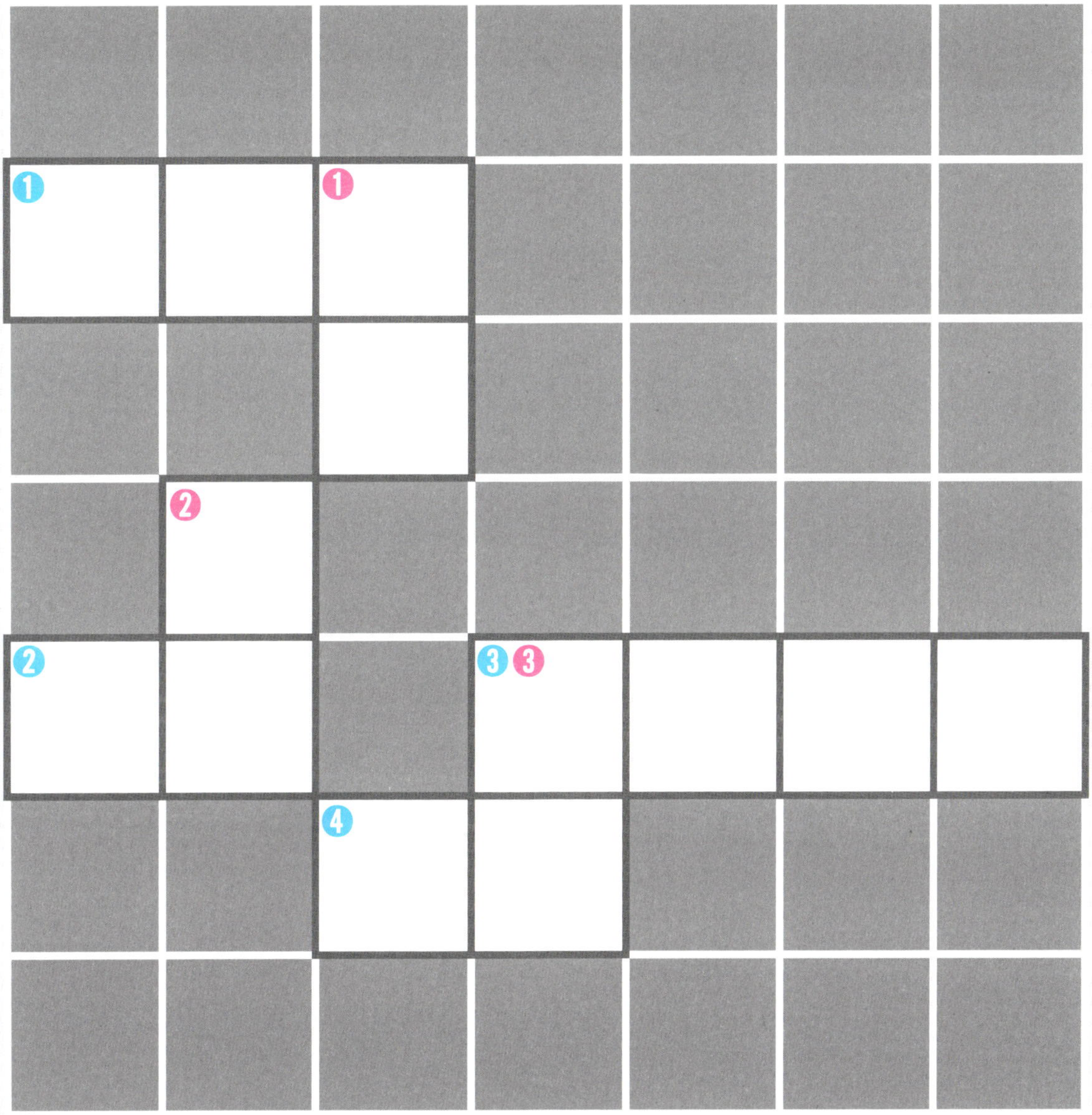

LEVEL 5

가로 퍼즐 ▶▶▶

① 털은 주로 누런 갈색 또는 붉은 갈색으로, 주둥이가 길고 뾰족하며 꼬리는 굵고 긴 편. 우리나라 이야기 속에서 구미호 같은 귀신으로 변하기도 함.

② 끼니로 음식을 먹음, 또는 그 음식.
예) 어느덧 ○○ 시간이 되어 식탁 앞에 앉았다.

③ 짐승을 잡기 위하여 땅바닥에 구덩이를 파고 나뭇가지 등으로 위장함.

④ 어떤 일이 이루어지거나 일어나는 곳.
예) 약속 ○○를 고민하다가 빵집 앞에서 만나기로 했다.

세로 퍼즐 ▼▼

① 한 해의 네 철 가운데 둘째 철로 덥고 비가 많이 내림.

② 자기의 잘못을 인정하고 빎.

③ 안심이 되지 않아 속을 태움.
예) 독감에 걸릴까 봐 ○○이다.

④ 옷을 넣어 두는 장롱.

옷을 넘어 두는 장롱을 뭐라고 할까요?

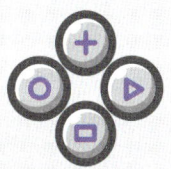

LEVEL 5

가로 퍼즐 ▶▶▶

1. 열 손가락을 서로 엇갈리게 맞추어 바짝 잡은 상태.

2. 학문이나 기술을 배우고 익힘.
   예) 시험○○를 많이 못 해서 초조하다.

3. 나무들이 무성하게 우거진 것.
   예) 아프리카 정글에는 ○○이 무성하다.

4. 운동 경기나 놀이를 할 수 있도록 여러 가지 기구나 설비를 갖춘 넓은 마당.

세로 퍼즐 ▼▼

1. 손의 안쪽, 손금이 새겨진 쪽.

2. 음식 그릇을 씻을 때 쓰는 물을 담는 통.
   예) 부엌 ○○○○에 그릇이 잔뜩 쌓였다.

3. 공을 가지고 노는 놀이.

4. 수영을 할 수 있도록 수영 시설을 갖춘 곳.

 운동 경기나 놀이를 할 수 있는
넓은 마당을 뭐라고 할까요?

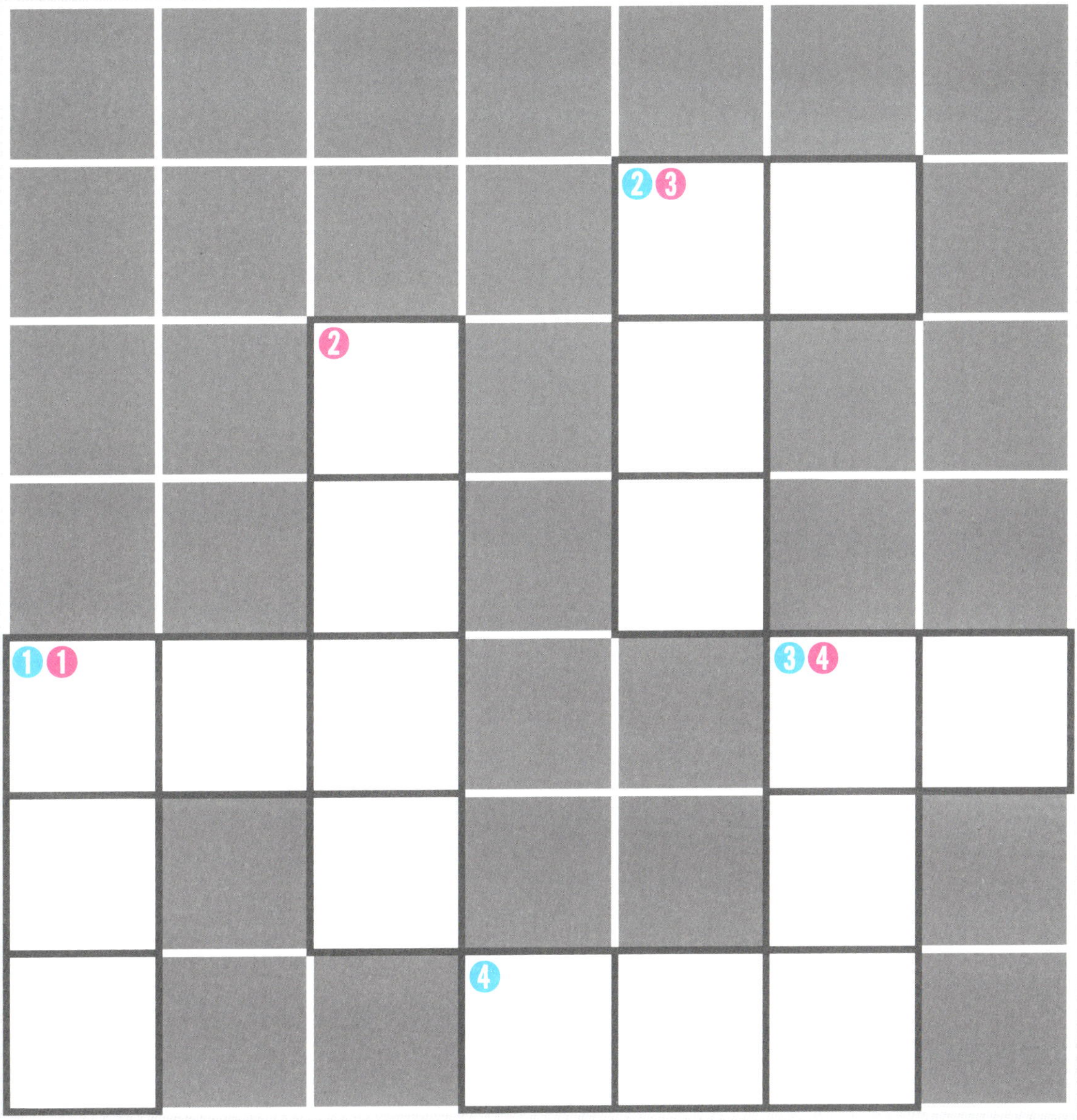

LEVEL 5

가로 퍼즐 >>>

① 상수도에서 나오는 물.

② 옷을 걸어 두도록 만든 물건.

③ 정월 대보름에 밖에 나가 달이 뜨길 기다려 맞이하는 일.

④ 생명이나 신체, 재산, 명예 따위에 손해를 입음.
예) 비가 많이 와서 큰 ○○를 입었다.

세로 퍼즐 ⇩

① 조심하지 아니하여 잘못함.
예) 경희는 ○○로 친구의 발을 밟았다.

② 어떤 일 따위를 끝맺으며 만들어 낸 물질적인 성과.
예) 매일 열심히 퍼즐을 맞춰 완성시켰더니 ○○○이 멋졌다.

③ 걸음을 걷는 모양새.

④ 싸움하던 것을 멈추고 서로 가지고 있던 안 좋은 감정을 풀어 없앰.

상수도에서 나오는 물을 뭐라고 할까요?

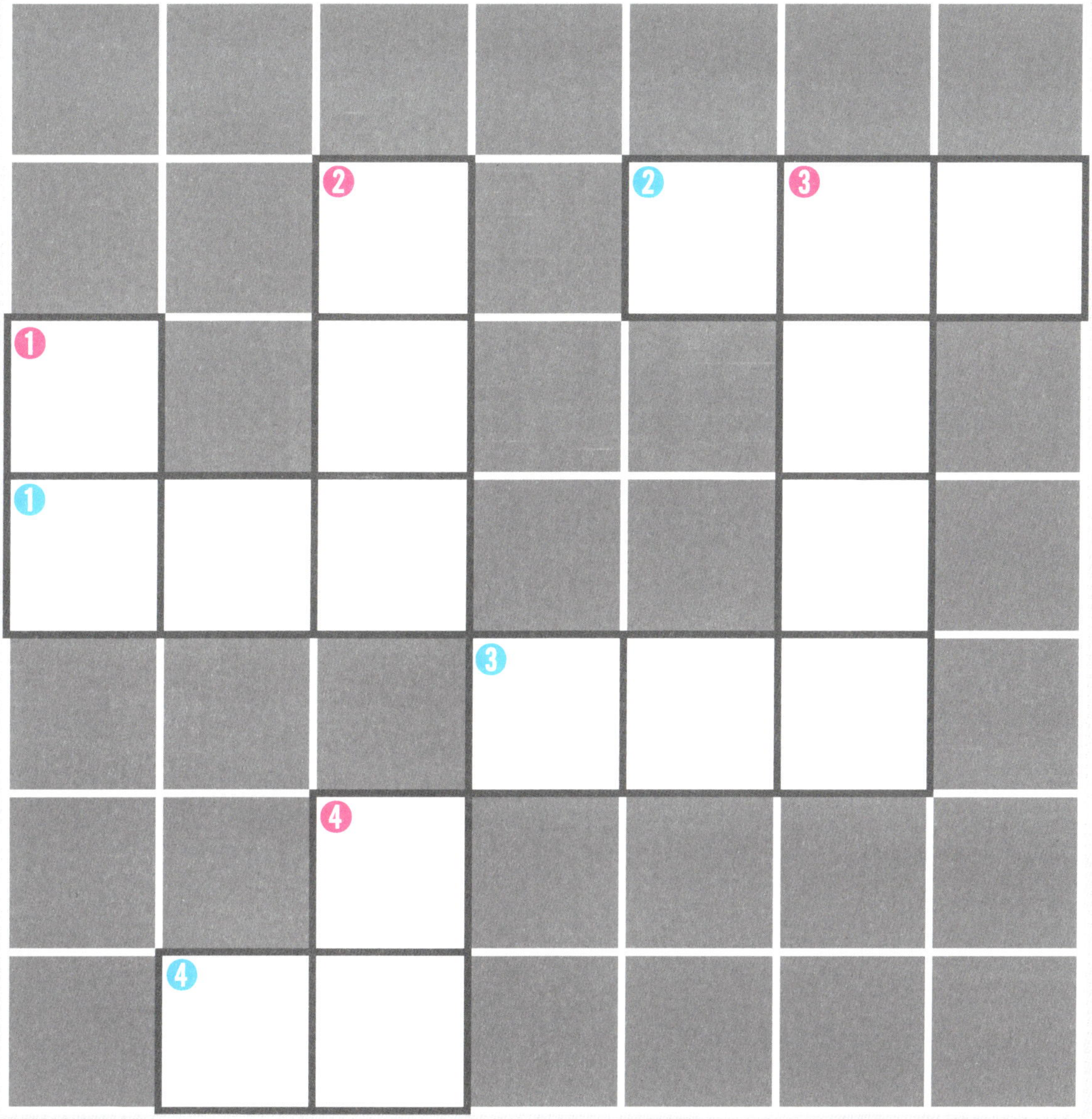

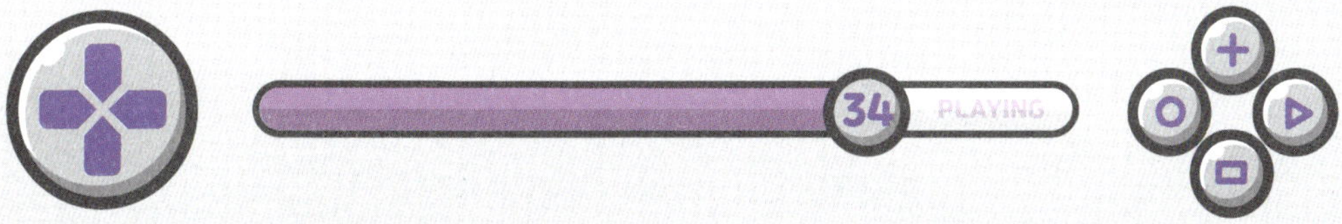

LEVEL 5

가로 퍼즐 ▶▶▶

① 밀가루 반죽 위에 토마토, 치즈, 피망 등을 얹어 둥글고 납작하게 구운 파이.

② 어떤 차례의 바로 뒤.
예) 진구는 동생이 씻은 ○○에 씻기로 했다.

③ 반드시 요구되는 바가 있음.
예) 정훈이는 엄마와 함께 여행 갈 때 ○○한 물건을 사고 있다.

④ 머리를 감으며 온몸을 씻는 일.
예) 공중○○탕에서 나오자 기분이 개운했다.

세로 퍼즐 ▼▼

① 척추동물의 몸을 싸고 있는 조직으로, 신체를 보호함.

② 마음이나 뜻을 굳게 가다듬어 정함.
예) 내일은 지각하지 않겠다고 굳게 ○○했다.

③ 연필이나 지우개 등을 넣고 다니는 작은 상자 모양의 물건.

④ 사람이나 동물이 숨을 쉬며 살아 있는 힘.

머리를 감으며 온몸을 씻는 일을 뭐라고 할까요?

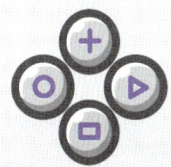

숨은그림찾기

부엌에는 요리를 하고 음식을 먹는 여러 가지 도구가 있어요.
어떤 것들이 있는지 숨은 그림에서 찾아보세요.

❶ 밥을 푸는 물건은?

❷ 국을 푸는 물건은?

❸ 음식을 끓이거나 삶을 때 쓰는 물건은?

❹ 음식을 담는 납작한 그릇은?

❺ 국이나 밥을 떠먹는 물건은?

❻ 음식을 기름에 지지거나 튀길 때 쓰는 물건은?

❼ 물이나 술을 데우거나 담아서 따르게 만든 그릇은?

보기

국자, 접시, 주전자, 주걱, 냄비, 프라이팬, 숟가락

LEVEL 6

가로 퍼즐 >>>

1. 콩을 볶거나 삶아서 간장에 조린 반찬.

2. 밥을 담는 그릇.

3. 몸의 동작이나 몸을 가누는 모양새.
   예) 명수는 떨지 않고 당당한 ○○로 발표했다.

4. 지나온 과거의 날.
   예) 할머니는 사진을 보며 즐거웠던 ○○○을 떠올리셨다.

세로 퍼즐 ⌄⌄

1. 본래 있던 자리.
   예) 하은이는 책을 읽고 ○○○에 꽂았다.

2. 두 가닥의 줄을 잡고 앉아서 앞뒤로 왔다 갔다 하면서 노는 놀이 기구.

3. 수돗물을 나오게 하거나 막는 장치.

4. 안전이나 장식을 위해 층계, 다리 등의 가장자리에 일정한 높이로 막아 세우는 구조물.

층계의 가장자리를 막아 세운 구조물을 뭐라고 할까요?

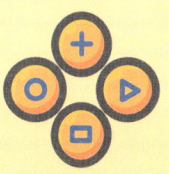

LEVEL 6

가로 퍼즐

① 생활에서 충분한 만족과 기쁨을 느끼어 흐뭇함.
   예) 은수는 생일을 맞아 무척 ○○한 하루를 보냈다.

② 찹쌀가루를 반죽하여 진달래, 개나리 등의 꽃잎을 붙여서 기름에 지진 떡.

③ 급히 뛰어 달려가는 것.

세로 퍼즐

① 몸을 움직여 동작을 하거나 어떤 일을 함.
   예) 세훈이는 말보다 ○○이 빠르다.

② 지시, 명령, 물품 등을 사람이나 기관에 전함.
   예) 어제 주문한 택배를 벌써 ○○받았다.

③ 풀잎으로 부는 피리.

풀잎으로 부는 피리를 무엇이라고 할까요?

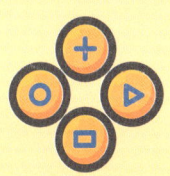

LEVEL 6

가로 퍼즐 >>>

❶ 남이 하는 말이나 행동을 그대로 옮기는 짓.
예) 용하는 코를 잡고 코끼리 ○○를 내며 놀았다.

❷ 칠교를 가지고 노는 놀이.

❸ 사람이 먹을 수 있도록 만든 밥이나 국, 반찬 등을 이르는 말.

❹ 아무 탈 없이 편안함.

세로 퍼즐 ⌄⌄

❶ 말, 글, 그림, 연출 등의 모든 표현 매체 속에 들어 있는 것.
예) 아빠가 보시는 책은 ○○이 너무 어려웠다.

❷ 교통질서와 교통 법규를 잘 지켜 사고를 미리 방지함.
예) 횡단보도에서는 ○○○○에 유의하여 조심히 건너야 한다.

❸ 하나로 합친 마음.
예) 우리 국민은 ○○○으로 이 위기를 극복할 것이다.

하나로 합친 마음을 무엇이라고 할까요?

LEVEL 6

가로 퍼즐 »

❶ 꽃으로 반지 모양을 만들어 끼는 것.

❷ 몸을 움직이는 동작.
예) 발레리나는 ○○○이 우아하다.

❸ 고무로 만들어 신축성이 좋은 줄.

세로 퍼즐 »

❶ 꽃을 심어 가꾼 밭.

❷ 예술 창작 활동으로 얻어지는 제작물.
예) 내가 그린 그림이 훌륭한 ○○이라고 칭찬받았다.

❸ 도토리를 열매로 맺는 나무.

꽃을 심어 가꾼 밭을 무엇이라고 할까요?

LEVEL 6

가로 퍼즐 ≫

① 도로에 설치하여 적색, 녹색, 황색 따위로 통행 차량이나 사람에게 정지, 우회, 진행 따위를 지시하는 장치.

② 단단한 나무 따위로 만든 조그만 정육면체, 하나에서 여섯까지의 점을 새긴 것.

③ 막대기 모양의 미술용품으로, 다양한 색깔이 있고 주로 어린이들이 많이 씀.

세로 퍼즐 ⩔

① 위험이나 곤란 따위가 미치지 아니하도록 잘 보살펴 돌봄.
예) 어린이들은 어른들의 관심과 ○○가 필요하다.

② 고마움을 나타내는 인사.
예) 도와주셔서 ○○합니다.

③ 수채화나 유화를 그릴 때, 그림물감을 짜내어 섞기 위한 판.

물감을 짜서 쓰는 판은 무엇일까요?

LEVEL 6

가로 퍼즐 ≫

❶ 사람이 안전하게 건너다닐 수 있도록 차도 위에 마련한 길.

❷ 여러 가지 모양이나 양식.
예) 지우개의 모양이 너무 ○○해서 뭘 골라야 할지 모르겠다.

❸ 음료를 따라서 마시는 데 쓰는, 종이로 만든 일회용 컵.

세로 퍼즐 ⇓

❶ 많은 사람들이 유쾌하고 즐겁게 마구 웃는 웃음판을 비유적으로 이르는 말.
예) 지영이의 엉뚱한 말에 거실은 순식간에 ○○○○가 되었다.

❷ 걸어서 길거리를 왕래하는 사람.

❸ 등에 나선형의 껍데기가 있고 살에 점액이 있으며 행동이 느릿느릿한 조그만 동물.

 # 음료를 마실 때 쓰는 종이로 만든 일회용 컵은 무엇일까요?

LEVEL 6

가로 퍼즐 »

① 모래를 성처럼 쌓은 것.

② 물감을 물에 풀어서 그림을 그리는 방법.

③ 시내에서 흐르는 물.

세로 퍼즐

① 술래잡기 놀이에서, 숨은 아이들을 찾아내는 아이.

② 물에 적신 수건.

③ 냇물의 가장자리.

숨은 아이들을 찾아다니는 아이는 누구일까요?

바른 생활을 도와주는 속담

속담   **뜻풀이**

세 냥 주고 집 사고 천 냥 주고 이웃 산다.

경험한 것이 많은 형이 아우보다 할 수 있는 일이 더 많고, 형이 아우를 더 많이 생각한다.

옷은 새 옷이 좋고 사람은 옛 사람이 좋다.

자기는 하고 싶지 않으나 남에게 끌려서 따라가게 된다.

친구 따라 강남 간다.

서로 이웃하며 살며 사촌보다 더 가깝게 지낸다.

이웃사촌

집값보다 좋은 이웃의 가치가 더 중요하다.

형만 한 아우 없다.

오래 사귄 친구가 편하고 정이 더 두터워진다.

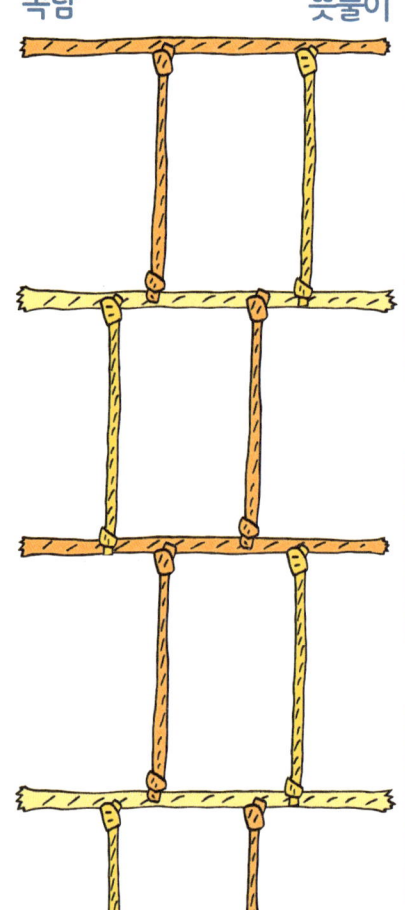

속담	뜻풀이
 모기도 모이면 천둥소리 난다.	정성을 들여 쌓은 탑은 잘 무너지지 않는다.
 구슬이 서 말이어도 꿰어야 보배다.	어렵고 괴로운 일을 겪고 나면 즐겁고 좋은 일도 있다.
 먹기는 혼자 먹어도 일은 혼자 못한다.	좋은 재료라도 솜씨를 가지고 정성을 기울여야 쓸모 있고 가치 있는 것이 된다.
 공든 탑이 무너지랴.	일은 협동하는 편이 훨씬 효과적이다.
 고생 끝에 낙이 온다.	힘없는 사람이라도 많이 모이면 큰 힘을 낼 수 있다.

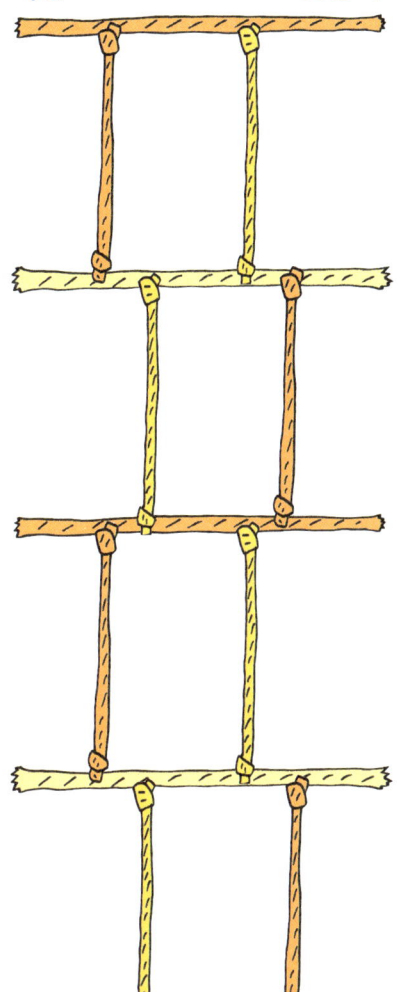

가로 퍼즐 >>>

1. 보행자의 통행에 사용되는 도로.

2. 위험이 생기거나 사고 날 염려가 없음.
   예) 바다에 들어가기 전에 ○○ 교육을 확실히 했다.

3. 물감을 섞어서 여러 가지 색깔이 나게 만든 연필.

세로 퍼즐 ⤓

1. 일정한 장소를 지나다니지 못하게 함.
   예) ○○금○.

2. 색깔이 있는 렌즈를 끼운 안경.

3. 악기를 다루어 곡을 표현하거나 들려주는 일.
   예) 피아니스트가 피아노를 열정적으로 ○○했다.

색깔이 있는 안경을 무엇이라고 할까요?

  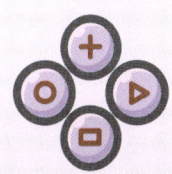

LEVEL 7

가로 퍼즐 »

① 한 교실에서 공부하는 학생의 단위 집단.
  예) 1학년은 총 다섯 개의 ○○이 있다.

② 장식에 쓰는 물건.

③ 봄에 피는 꽃.

④ 나를 낳아 준 남자를 이르는 말.

세로 퍼즐 »

① 학습에 필요한 사항을 적는 공책.
  예) 숙제를 하기 위해 ○○○을 꺼냈다.

② 물기가 있는 축축한 휴지.

③ 봄을 맞는 일.

물기가 있는 휴지를 무엇이라고 할까요?

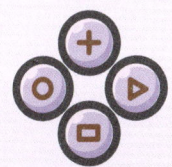

LEVEL 7

가로 퍼즐 ▶▶▶

① 일정한 구간을 여럿이 나누어 차례로 배턴을 주고받으면서 달리는 경기.

② 가사에 곡조를 붙여 목소리로 부를 수 있게 만든 음악.

③ 사람이나 동물이 일정한 환경에서 활동하며 살아감.
예) 농촌과 도시는 ○○ 방식이 다르다.

세로 퍼즐 ▼▼

① 물가에서 하는 놀이.

② 여러 가지 밝은 빛깔의 점이나 줄 등이 고르지 아니하게 무늬를 이룬 모양.
예) 새로 산 원피스가 ○○○○ 색깔이 예쁘다.

③ 가늘고 기다란 나무 같은 물건.
예) 준우는 길에서 ○○○를 주워 휘두르다가 엄마에게 혼났다.

④ 목적을 이루기 위하여 몸과 마음을 다하여 애를 씀.

⑤ 몸을 움직여 행동함.
예) 감기에 심하게 걸려서 자유로운 ○○이 어렵다.

물가에서 하는 놀이는 무엇일까요?

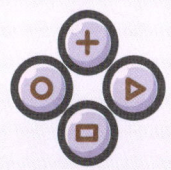

LEVEL 7

가로 퍼즐 ≫

① 머리를 구불구불하게 만들어서 오랫동안 지속되도록 만드는 일.

② 색깔이 나게 칠을 함.

③ 사람이 오르내리기 위하여 건물이나 비탈에 만든 층층대.

④ 음악을 연주하는 데 쓰는 기구를 통틀어 이르는 말.

세로 퍼즐 ≫

① 사람이 본래부터 지닌 성격이나 품성.
예) 어머니는 ○○이 착한 사람이다.

② 빨강, 노랑, 파랑 같은 것을 이르는 말.

③ 춤, 노래 따위의 빠르기나 가락을 주도하는 박자.
예) 텔레비전에 나오는 사람이 ○○에 맞춰 춤을 추었다.

④ 인사를 하기 위하여 두 사람이 각각 한 손을 마주 내어 잡는 일.

색깔이 나게 칠을 하는 것을 무엇이라고 할까요?

LEVEL 7

가로 퍼즐 ⋙

① 같은 부모에게서 태어나 남자가 손위 여자를 부르는 말.

② 움직임이 가볍고 상쾌함을 뜻하는 '○○하다'의 어근.
예) 주은이는 ○○한 걸음걸이로 학교에 갔다.

③ 사정이나 형편 따위를 어림잡아 헤아림.
예) 범인은 ○○대로 바로 너야!

④ 고물을 사고파는 가게.

세로 퍼즐 ⋙

① 잘 모르는 사람을 가리키는 말.
예) 저 애는 ○○야?

② 몸이나 손발 따위를 움직임.
예) 나는 ○○이 굼뜨다고 혼날 때가 많다.

③ 자신이 실제로 해 보거나 겪어 봄.
예) 독서는 간접 ○○을 하게 해 준다.

④ 사람이 살고 있는 모든 사회를 통틀어 이르는 말.
예) 온 ○○에 하얀 눈이 내렸다.

고물을 사고파는 가게는 무엇일까요?

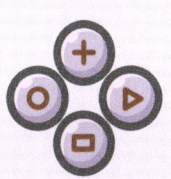

가로 퍼즐 ≫

① 소꿉을 가지고 노는 아이들의 놀이.

② 학기나 학년이 끝난 뒤 일정 기간 동안 수업을 쉬는 일.

③ 부르는 말에 응하여 어떤 말을 함.
예) 선생님이 부르는데 조느라 ○○을 못 했다.

④ 게나 거북 따위의 등을 이룬 단단한 껍데기.
예) 거북이 ○○○는 정말 예뻐!

세로 퍼즐 ⤓

① 양면을 가죽으로 메우고 나무 채로 쳐서 소리를 내는 우리나라 타악기.

② 라디오나 텔레비전을 통하여 음성이나 영상을 내보내는 일.

③ 어떤 모임에 참가해 줄 것을 청함.
예) 선영이에게 생일 ○○를 받아서 기뻤다.

④ 어떠한 사실을 알리기 위해 일정한 표시를 해 놓은 판.
예) 고속 도로의 ○○○을 따라 달렸다.

게나 거북의 등껍질을 무엇이라고 할까요?

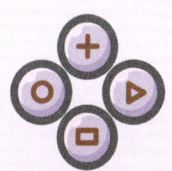

학습 재미 더하기 ❼

상상력을 키우는 수수께끼

조금 나왔는데
쑥 나왔다고
하는 것은?

다리는 하나고
얼굴 없는 도깨비가
우산을 쓰고
서 있는 것은?

늙어 갈수록
정열적인 것은?

파란 집에 살다가
노란 집이 되면
발가벗고
나오는 것은?

음매 음매 하는
나무는?

문제   답

소나무

콩

고추

버섯

쑥

문제	답

빨간 얼굴에 주근깨가 많이 박힌 것은?

초록색 집에 빨간 방을 꾸며 놓고 까만 녀석들이 모여 사는 것은?

가시 집 안에 삼 형제가 모여 사는 것은?

물은 물인데 마실 수 없는 물은?

소리 없이 방긋방긋 웃는 것은?

꽃

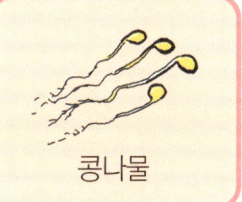
콩나물

밤송이

수박

딸기

정답

콧					
바	탕		물	음	표
람		마	루		매
					음
			옷	소	매

각	오		물	감	
	줌			나	
트				무	덤
집	게	손	가	락	

잔	치		차	도	
	과		비		
떡	볶	이	두	더	지
국					하
					수

우	주	선		맞	장	구
표						별
	외	나	무	다	리	
		들		리		
		이		미		

하	품			막	내
마		가	체		기
	국	수	조	기	

기	회		군	침	
쁨		심		착	
	자	장	가		
	장		운		
	면		데		

	재		콩		
	주		나		
사	냥	꾼	물	장	구
		공			
	엄	지	손	가	락
		루		난	

학습 재미 더하기 ❶
- ㄷ, ㅁ – 도마, 동물, 도망 등
- ㅈ, ㅅ – 장사, 주사, 조사 등
- ㄴ, ㄹ – 나라, 노루, 노래 등
- ㅊ, ㄱ – 축구, 초가, 치과 등

정답

15
- ①더하기
- 물고기
- ②지우개
- ②개구리
- ③되풀이
- ③테이프

16
- 출발
- ①선물
- ②팽이
- 놀이공원
- ③토끼
- 치마
- 토마토
- ④아기

17
- ①마흔
- 마리
- ②마지막
- 마당
- ③비사
- ③사방치기
- 이기

18
- ①여행길
- 길이
- ②줌
- ③해결
- ④울타리
- 당
- ③징검다리

19
- ①국
- ②들
- ①딸기
- 이마
- ③경우
- ④의자
- 유견

20
- ①크
- ②책가방
- ①뻐꾸기
- 상
- ③송
- ④바닷가
- ③색종이
- 닥

21
- ①차
- ②참새
- ①돼지
- 가
- ③가로
- ④무게
- 득
- 료

학습 재미 더하기 ❸

정답

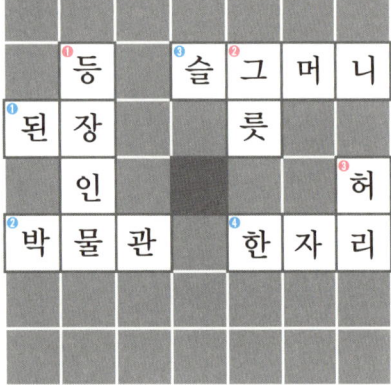

	❶할	머	니		
	아		❷외	출	복
	버		식		
	❸지	구	본	❸망	
				아	
		❹허	겁	지	겁

세	면	❶대			
		회			
		❷친			
❸예	절		❸소	곤	소 곤
	❹나	중			

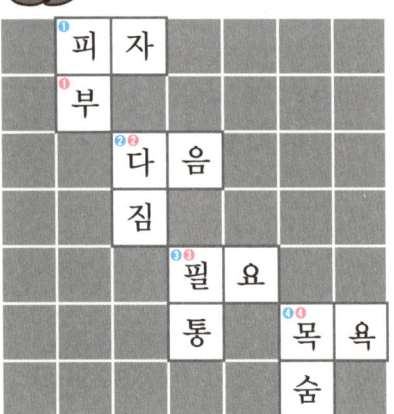

학습 재미 더하기 ❺

❶ 주걱
❷ 국자
❸ 냄비
❹ 접시
❺ 숟가락
❻ 프라이팬
❼ 주전자

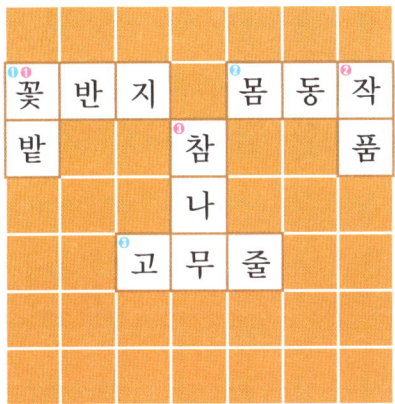  
  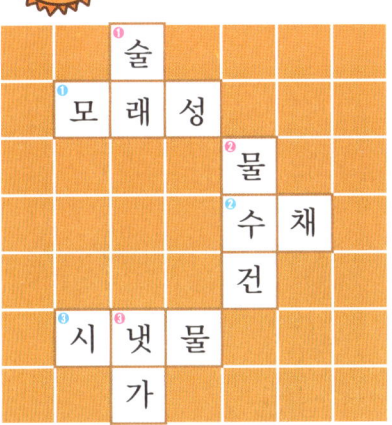
 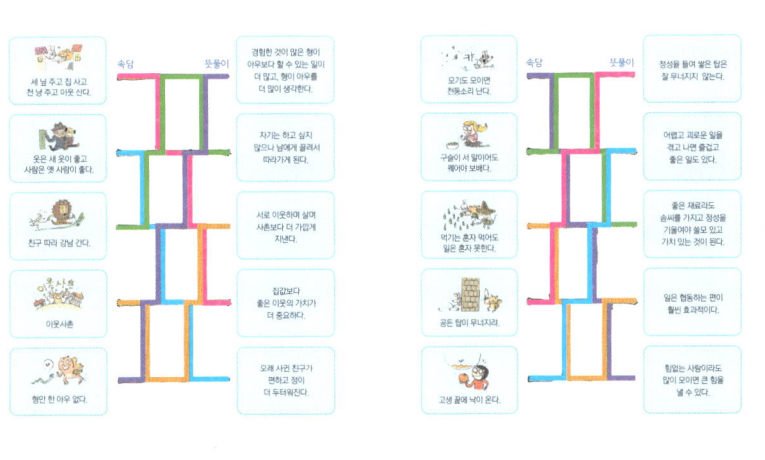

학습 재미 더하기 ❻

정답

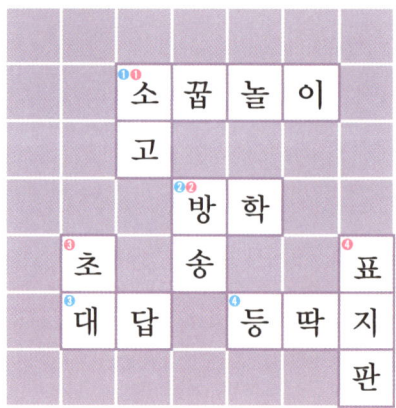

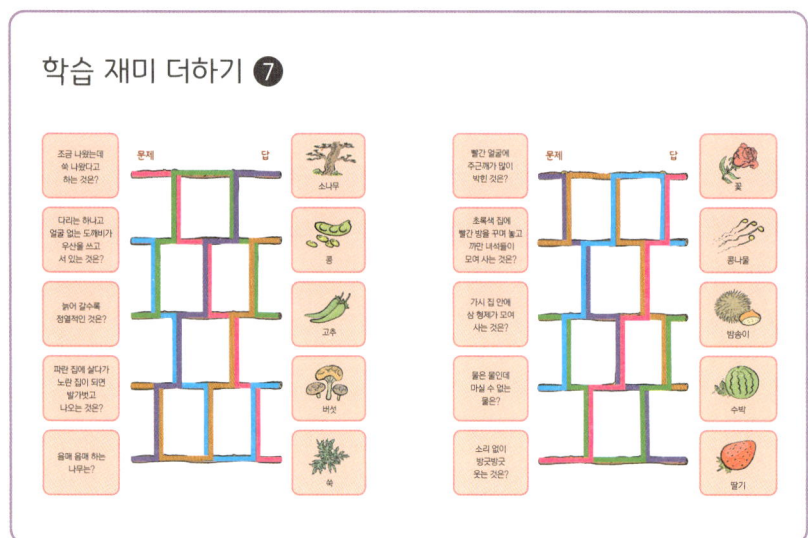

학습 재미 더하기 7